Le Chemin,
la Vérité
et la Vie.

ROMPRE AVEC LE MONDE.
FUSIONNER AVEC LA VIE.

C. C. Atman

www.Voie-Nature.com
Guillamet, 24550 Mazeyrolles, France

ISBN 978-2-9555492-6-1
Dépôt légal, Décembre 2018

Couverture et photographies par C.C. Atman
Réalisation du dessin de couverture par Grafimages

Correction-relecture par S. Sagarzazu

Encre sans chlore. Papier sans acide.
Production certifiée FSC (Forest Stewardship Council)

« Qui ne souhaiterait pas connaître…

La Paix du Corps,

Le Silence de l'Esprit

et l'Abandon des désirs,

pour vivre pleinement l'Amour de l'Instant… ? »

C. C. ATMAN

Le Chemin

- Introduction (invitation et notes d'utilisation)

La Vérité et la Vie

1. Vivre l'ultime Liberté
2. Aimer la Paix plus que tout
3. Fermer les yeux de l'esprit
4. Laisser mourir l'Insatisfait
5. Se relier à la Vie
6. Manger lentement
7. Se nourrir de Paix et d'Harmonie
8. Voir et aimer la pureté
9. Aimer la faim
10. Ralentir et observer la Vie
11. Respirer et apprécier la Vie
12. Rendre chaque instant Sacré
13. Vivre avec le Soleil
14. Vivre les bras ouverts, la main sur le Cœur
15. Entrer dans l'Infini et l'Illimité
16. Demeurer en lien avec chacun des sens
17. Oser être Soi en totalité, et l'exprimer
18. Ressentir l'Amour total en tout
19. Aimer, aimer, et aimer encore

À propos de l'auteur...

C.C. Atman est un auteur français né en région parisienne qui a grandi auprès des forêts du Vexin durant la majeure partie de son enfance.

C'est là qu'il a effectué, sans le savoir, ses premiers pas de découverte de la Nature et de toute la liberté et l'indépendance qu'elle peut procurer, en particulier pour qui sait l'approcher.

Issu d'un milieu familial modeste et commun, il a suivi une scolarité traditionnelle, mais s'est néanmoins interrogé très tôt sur le sens de l'existence telle qu'elle lui était proposée, au point de rompre à plusieurs reprises avec la vie aisée dont il disposait.

La naissance de ses deux enfants, la vie routinière dans laquelle il s'enlisait, et peut-être aussi la mort prématurée de sa mère après un long cancer alors qu'elle venait tout juste d'être retraitée, l'ont poussé instinctivement à opérer le plus grand des « sauts de foi » comme il aime les appeler. Il vendit sa voiture, sa maison, quitta sa profession de cadre ainsi que le confort et la sécurité acquis, et partit ainsi à la découverte du plus grand terrain de jeu qui puisse attendre un humain : la planète Terre.

Accompagné seulement de son fils et de sa fille, alors âgés respectivement de dix et de huit ans, il se lança dans la quête ultime de renouer avec le plus haut état de bonheur qui puisse être vécu par un être humain.

Ce long voyage guida ses pas à travers tous les continents et de nombreux pays. De l'Inde aux Amériques, en passant par l'Asie et l'Océanie ; des déserts arides d'Australie aux jungles tropicales humides de Bornéo et ses dernières forêts primaires ; des barrières de corail du Pacifique, jusqu'aux plus hauts plateaux et montagnes des Andes et de l'Himalaya, chacun de ses pas l'a mené vers une multitude de rencontres et d'expériences uniques, mais aussi vers des enseignements millénaires venant de la Nature ou de l'Humanité.

Il partage cette richesse immatérielle depuis 2015 en consacrant sa vie à l'écriture d'essais et de romans inspirants.

Introduction

(Invitation et notes d'utilisation)

Le livre que vous tenez dans vos mains n'a rien d'anodin. Il s'agit avant tout d'un ticket pour une autre vie, rien que cela ; et il est question ici d'une invitation à rompre provisoirement avec le monde, et à fusionner totalement avec la Vie, rien de moins.

Si votre curiosité et votre lecture vous ont mené jusqu'ici, c'est que vous avez su répondre à l'appel. Bravo. Voilà le premier pas qui compte. C'est le plus important. Une porte vient de s'ouvrir sur votre vie.

Pourquoi rompre avec le monde ? Sans doute car nous en éprouvons tous plus ou moins le besoin, à certains moments de notre existence, lors de caps à passer, ou bien par pure et simple conscience du souhait que quelque chose doit changer dans notre vie, mais quoi ?

Il faut bien l'avouer : quel parcours avons-nous suivi !

Bien souvent, nous avons dû emprunter un chemin de vie tout tracé, à peine fûmes-nous nés. Notre éducation s'est montrée plus ou moins limitée, plus ou moins dictée en matière de contenu et de qualité, et l'issue nous a rarement menés vers la découverte de notre plus haute et intime vocation. Celle-ci ne faisait pas partie du projet.

Quelle place fut donc laissée – et est encore laissée aujourd'hui – à la vie libre et épanouie qui semblait pourtant nous être promise par cette société exigeant en retour que nous travaillions chaque jour à son succès ?

Cette même société est-elle d'ailleurs un succès ? Vise-t-elle réellement le nôtre et celui de notre vie ?

Sous certains aspects, oui, à n'en pas douter. Il semble bien que nous disposions de tout le confort et de toute la sécurité qu'un être vivant puisse espérer aujourd'hui. Pourtant, nous sentons-nous véritablement libres et épanouis le plus clair du temps de vie qui nous est donné ? Mourrons-nous en paix et heureux lorsque notre dernier souffle sera expiré, après l'existence vécue telle que proposée par le mode de vie actuel en société ?

Beaucoup d'entre nous, aujourd'hui en particulier, en viennent à questionner de plus en plus le sens et la pertinence du contenu de chacune de nos journées.

Rythmes de vie qui s'accélèrent, journées toujours plus chargées, majorité d'emplois salariés peu rétribués, relations humaines et gestions quotidiennes sans cesse rendues plus compliquées, insatisfactions personnelles ou matérielles récurrentes, mal-être plus ou moins régulier et prononcé, santé plus ou moins mise en danger au fil des années ; tout cela nous invite à profondément nous interroger car, finalement, que nous reste-t-il donc du plus grand héritage avec lequel nous sommes tous nés et qui nous était à l'origine donné, à savoir : la Liberté ?

Disposons-nous encore du courage d'oser examiner minutieusement le cours qu'a pris notre vie, ou encore du temps pour en souligner les nombreuses absurdités ? Parvenons-nous encore à employer notre énergie pour distinguer en particulier les incohérences entre ce à quoi nous aspirons tant au plus profond de nous-mêmes, et ce qui compose l'emploi du temps réel de nos journées ?

Une réponse honnête à tout ceci serait : non.

Il peut nous arriver de mettre le doigt sur certaines choses, mais, très vite, le quotidien vient nous rattraper. Les années se suivent et ne font donc que défiler sans que nous ne réussissions à inverser le cours du torrent par lequel nous sommes emportés, et sur lequel nous ne faisons, finalement, que dériver d'année en année.

Convenons qu'il serait inutile de nier qu'une forte et puissante inertie existe dans nos vies, et qu'il devient particulièrement difficile de s'en extraire pour y voir plus clair, pour mieux redéfinir nos vraies priorités, et pour développer la détermination de tout changer, une fois celles-ci identifiées. Rien dans tout le confort et dans la sécurité que nous avons tant cherché à acquérir ne nous permet de transformer nos vies à l'échelle de celle que nous pouvons nous souhaiter, à nous, à notre bien-aimé(e), à nos enfants, à notre famille, à notre foyer…

Il y a bien la possibilité de prendre des vacances, mais… bien souvent, nous n'éprouvons qu'un seul souhait après ces longues périodes d'un travail plus ou moins épanouissant : nous reposer, nous distraire, nous éloigner le plus possible du quotidien, et rarement nous consacrerons-nous à la recherche d'une vraie clarté, donc à une véritable investigation envers nos réelles priorités, et aux actions qui devraient alors être menées.

Outre nos durées de congés très limitées, et de la même manière que nous ne faisons que passer d'une tâche à une autre au travail chaque jour, nous demeurerons en fin de compte aspirés par les mêmes priorités durant nos vacances, à savoir : passer vite d'un loisir à un autre.

Notre esprit, par ce mode de vie, est et demeure accaparé du premier jour de notre existence jusqu'à son dernier. Peut-on donc parler d'une vie heureuse et bien menée ? D'une vie libre et étant pleinement accomplie ?

N'y a-t-il rien de mieux à espérer ?
Nos existences doivent-elles demeurer aussi limitées ?

Ici aussi, une réponse honnête à tout ceci serait : non.

Voilà où, comment et pourquoi débute cette invitation contenue dans le livre que vous lisez aujourd'hui. Voici pourquoi vous êtes invité(e) à prendre le Chemin.

Mais… de quel chemin parlons-nous donc ici ?
Tout simplement du plus court chemin vers la Liberté.

De quelle liberté s'agit-il, demanderez-vous peut-être ?
De la Liberté de l'esprit ! Celle qui peut tout (re)créer.

L'esprit, ce merveilleux outil dont nous sommes tous dotés, est si accaparé et distrait aujourd'hui qu'il en vient à nous nuire plus qu'à nous aider à réussir nos vies. Il est constamment orienté vers des désirs plus ou moins utiles à notre réel bonheur, vers des pensées plus ou moins futiles, ou vers la réalisation de buts souvent stériles. Il est à présent plus que temps d'agir, pour le libérer.

La seule question est : êtes-vous prêt(e) ?

Qu'avez-vous à y gagner, vous direz-vous peut-être ?
La réponse est : une inébranlable paix et clarté d'esprit.

Et une clarté d'esprit retrouvée, c'est retrouver la vue sur qui l'on est, sur ce à quoi l'on aspire véritablement, sur le sens que l'on souhaite donner à son existence, et sur le prochain pas à fouler pour renouer avec la Vie.

Et pour cela, une seule Voie : celle de la Liberté.

Il devient aujourd'hui urgent et important de réapprendre à vivre pleinement. C'est ce que nous voulons tous, n'est-ce pas ? Mais y parvenons-nous vraiment par les moyens qui nous sont proposés ? Est-ce la voie de la société, sa course au salaire – après de l'argent et des biens – qui parvient le mieux à nous y mener avec succès ?

Soyons honnêtes une fois de plus : ce n'est pas le cas.

L'expérience à laquelle vous êtes maintenant convié(e) est celle de « prendre le Chemin » pour ouvrir ce qui pourrait être appelé « une Grande Parenthèse de Vie ».

Autant il s'avérera compliqué pour chacun de prendre un congé sabbatique d'une année afin de goûter à la liberté – et de la consacrer à réorienter sa vie – autant prendre le Chemin proposé ici est accessible à toutes et à tous, à tous âges ou presque, dans toutes conditions physiques ou presque, et quels que soient vos moyens financiers. La très grande majorité d'entre nous peut donc s'offrir cette « parenthèse de vie » et de liberté. Lancez-vous sur ce Chemin, et voyez à quel point il s'agit d'un raccourci fiable et certain vers vous-même.

Rompre avec le monde, pour fusionner à nouveau pleinement avec la Vie, demande au moins le courage de s'y essayer. Cela n'exige aucune grande préparation ou anticipation, si ce n'est celle de se réserver au moins un mois de congés. Deux mois seraient encore mieux et conseillés, mais au moins un mois devrait être visé.

Offrez-vous ce mois. Préparez-lui le terrain autant qu'il le faudra ; réduisez vos dépenses si besoin est, afin de l'obtenir, mais faites-en votre seule et première priorité. Et, si vous le pouvez, étendez cette rupture mondaine d'un mois supplémentaire, vous ne le regretterez pas.

Encore plus riche et totale sera l'expérience du Chemin que vous allez fouler et par lequel vous allez être happé.

Mais de quel Chemin s'agit-il, relancerez-vous encore !

La réponse est : de n'importe quel chemin terrestre parcouru à pied, et par lequel vous vous sentirez attiré. Mais, mieux encore, et hautement conseillé : de l'un des chemins de Compostelle, en particulier.

Ici, soyons clairs, rien de religieux au sens commun. Il s'agit uniquement de devenir, pour un temps, un simple humain ; un authentique pèlerin sur un Chemin.

Voilà le terrain de votre future « parenthèse de vie » permettant de rompre avec le monde. Voilà le lieu qui vous permettra de goûter sans doute pour la toute première fois ou depuis bien longtemps à la Liberté, la vraie ; celle que vous aviez progressivement abandonnée et inconsciemment cédée à la société après être né.

Préparez-vous donc alors à voir votre corps et votre esprit réinitialisés, recalibrés, et à en sortir avec de nouvelles priorités, une plus vaste clarté, ainsi qu'un très fort désir d'agir et de ne plus jamais rien concéder à cette pure liberté retrouvée.

Votre nouvelle vie pourra dès lors commencer…

Mais un tel succès dépendra en premier lieu des intentions que vous emporterez dès le premier jour avec vous sur ce Chemin, qu'il s'agisse d'un sentier de GR[1] de votre choix, joignant entre eux deux lieux très éloignés (et hautement symboliques à vos yeux), ou bien qu'il s'agisse de l'un des nombreux chemins de Compostelle.

---

[1] Abréviation de sentier de Grande Randonnée

Personnellement, ma recommandation se tournerait fortement vers le parcours de l'un de ces grands Chemins que sont le Camino Francés, le Camino del Norte ou leurs alternatives…, voire, pourquoi pas, vers la combinaison d'un Chemin de Compostelle présent en France avec celui, final, qui mène à Santiago de Compostela à travers l'Espagne. Plus belle et grande sera la parenthèse que vous vous octroierez, mieux ce sera, et plus profondément en vous-même, vous entrerez…

À ceux et à celles qui souhaiteraient faire un tel Chemin en couple, je dirais là aussi : pourquoi pas !

Cependant, l'invitation dont il est question ici est avant tout individuelle. La majeure partie du Chemin devra donc être parcourue seul(e). Le potentiel demeure là.

Mais, dans la vie, tout étant possible ou presque, il peut être très intéressant et enrichissant de combiner ici aussi – afin d'obtenir une plus grande variété d'expériences – un Chemin similaire à celui que ma compagne et moi-même avons vécu.

Il peut donc être utile et enrichissant de partir ensemble, de parcourir le début du Chemin à deux, puis de se séparer ensuite sur la majeure partie du parcours, avant de se retrouver et de marcher à nouveau à deux, jusqu'à l'arrivée. Quoi de plus beau et symbolique ?

C'est en effet ainsi que notre expérience du Chemin fut la suivante : un départ depuis Rocamadour en France (sublime !), puis un parcours à deux sur le Chemin de Compostelle allant au Pays Basque (avec notre chienne, d'ailleurs ; et nos enfants furent invités aussi…), suivi d'une séparation volontaire afin d'entrer dès la frontière espagnole sur un Chemin en solo cette fois (Camino Francés pour Madame, et Camino del Norte + Camino

Primitivo pour Monsieur...), avant de nous retrouver enfin tous les deux à Melide, en Galice, pour terminer ensemble le Chemin jusqu'à Santiago de Compostela.

Cet exemple est là avant tout pour vous encourager à « créer votre propre chemin » et à lui donner, d'emblée, la forme la plus belle et symbolique « qui vous parle » fortement, à vous, qui allez expérimenter le Chemin.

Oui, nous concernant, il s'agissait donc d'un Chemin de plus de 1000 km entre France et Espagne, et d'une « parenthèse de vie » de près deux mois, même si nous avions besoin a priori de bien moins de temps que cela.

Et voilà justement un autre paramètre très important à ne pas négliger pour le plein succès de cette expérience de transformation : le temps. Il faut le rendre absent.

C'est en effet lui – et son concept dans notre esprit – qui induit pour beaucoup la vie effrénée que nous avons aujourd'hui. C'est lui qui détient une emprise sur nous, et c'est donc de lui dont il faut établir comme première priorité de s'en libérer le plus possible pour le succès de notre projet.

Donc, avant de vous lancer, estimez au mieux l'espace-temps dont vous aurez besoin, et majorez-le d'une semaine ou deux supplémentaires. Bref, faites en sorte que le temps et la durée n'aient pas de réelle importance et que vous en disposiez de plus que de nécessité, pour ne pas avoir à vous en soucier ni à y penser outre mesure.

Ainsi, vous créerez l'environnement indispensable à toute véritable expérience de liberté : celui disposant de l'absence de la nécessité du temps. Vous vous extrairez alors de ce dernier et de ses limitations, de sa présence, de son emprise et de son oppression. Le meilleur décor du succès de l'expérience sera posé. Ne pas le négliger !

Après le temps, votre esprit s'inquiète sûrement déjà de la question de l'argent et des moyens financiers, non ?

Ici aussi, soyez rassurés. Vous vous trouverez sur la Voie la plus apte à vous offrir – même sur cet aspect – la tranquillité dont vous avez besoin pour retrouver le Chemin de votre vie, et c'est la raison pour laquelle emprunter les Chemins de Compostelle de bout en bout est à sérieusement considérer en particulier.

En effet, il s'agit là de longs sentiers empruntés depuis plusieurs siècles par des pèlerins de tout ordre, de tout âge, de toutes conditions, et de toutes motivations. Ce Chemin est donc particulièrement bien adapté à tous, et à tous les budgets. Il ne coûte bien sûr rien de le parcourir à pied, mais, mieux encore, vous y trouverez des possibilités de logements à un prix qui est dédié aux pèlerins et à leur pèlerinage, donc très abordable, et cela, de manière relativement constante.

Côté français, des gîtes communaux sont parsemés sur ces Chemins pour un coût généralement faible et autour de 10 € à 15 € la nuit, à l'heure où ce livre est écrit.

Côté espagnol, l'offre est même bien plus adaptée aux pèlerins qui rythment encore davantage la vie des villes et des villages traversés par les Chemins de Compostelle. Le coût d'une nuit sera rarement plus cher qu'en France et, bien souvent, le tarif sera de type « Donativo » ; comprenez : vous donnez en fonction de vos moyens.

Question nourriture ou repas, sur le(s) Chemin(s), vous trouverez bien évidemment tout ce qu'il faut. Il conviendra cependant (et sera même utile) d'apprendre à vivre d'une nourriture la plus simple et légère possible pour s'alimenter au quotidien. La simplicité sera une clé.

Vous comprendrez mieux, une fois lancés, et en marchant chaque journée, la différence qui existe entre le nécessaire et l'excès. Il vous sera aisément donné d'observer à quel point nous pouvons manger et nous charger inutilement au quotidien. Rien ne sera épargné.

Parlons maintenant de la charge qui sera la vôtre, justement. Voilà un point qui se montrera bien différent d'une personne à l'autre, selon d'où chacun part ; que ce soit dans son esprit, dans sa vie, comme sur le Chemin.

Il est évident qu'il vous faudra choisir minutieusement ce qui devra vous accompagner ou non.

Et là, vous allez déjà vous confronter à nombre de vos « peurs inconscientes » et de vos convictions erronées.

En rompant avec le monde subitement, on ne rompt pas aussi vite et pour autant avec les peurs qui peuvent subrepticement nous accompagner ; nous peser tant et silencieusement durant nos vies, sans que nous n'ayons pourtant jamais soupçonné leur existence jusqu'ici.

Que ce soit la peur de la Nature, la peur d'être seul(e), la peur de manquer, la peur de ne pas savoir, la peur de l'inconfort, … la liste pourrait continuer longtemps, et vous allez vous en rendre compte dès l'élaboration de la liste des objets à emporter avec vous ou non. Le poids que vous porterez sera donc certainement proportionnel aux peurs qui peuvent déjà vous habiter. Plus vous en avez, plus vous aurez tendance à partir trop chargé(e).

C'est pourquoi l'on peut voir des pèlerins dotés d'un sac à dos surchargé allant du bas de leur dos (voir plus bas) jusque tout en haut de leur tête (voire plus haut).

Rassurez-vous ! Ici, le premier enseignement du Chemin, de la Vérité et de la Vie sera sûrement de venir équilibrer tout ceci très vite en vous dès les premiers pas, et dès vos premières journées à marcher. À n'en pas douter, et quoi qu'il en soit, il y a fort à parier que vous partirez chaque fois plus chargé que de réelle nécessité.

La nécessité ? vous découvrirez cette dernière pas à pas, jour après jour ; et il est hautement probable que vous renverrez progressivement par La Poste tout ce qui se montrera finalement superflu, encombrant ou lourd à porter en comparaison de sa réelle utilité. En effet, nombre d'objets vus comme « indispensables » au début révèlent ainsi leur nature, souvent nulle, en définitive.

Oh oui, vous constaterez naturellement le lien étroit et l'analogie qui existent entre marcher de jour en jour sur un Chemin comme celui que vous aurez choisi – à porter ce que l'on peut définir comme important – et cette vie quotidienne que vous entreteniez, en dehors du Chemin. Tout est très lié, vous verrez. Clarté et vérité afflueront.

Pour exemple, ma femme est partie avec un sac à dos de randonnée classique, donc assez lourd, qui lui a vite pesé, et qui est étrangement devenu très léger à l'arrivée. De mon côté, j'avais voulu expérimenter une vie et un Chemin les plus légers possibles, en ne partant qu'avec une simple besace de toile en bandoulière ; et même cette dernière s'était avérée en définitive inutilement chargée et s'est montrée bien moins remplie à l'arrivée. Bref, quel que soit l'esprit avec lequel vous partirez, il terminera inévitablement plus léger, lui aussi. Beaucoup de certitudes et de peurs se seront évanouies. Garanti.

À ceux et à celles qui aimeraient connaître ce matériel « indispensable » dont nous nous étions équipés, vous trouverez en fin de livre le détail de notre paquetage. S'y trouvent également quelques conseils d'ordre purement opérationnels afin de faciliter votre Chemin si besoin est.

Voilà. L'essentiel de cette invitation a maintenant été dit. Le reste n'a pas encore à être révélé, car il le sera pour chacun(e) au fur et à mesure du Chemin parcouru.

C'est en effet là toute la Beauté d'entreprendre la grande aventure qui est proposée ici et de se lancer dans une telle « parenthèse de vie », sur un tel Chemin de libération de l'esprit, pour y découvrir tout ce qui nous attendait depuis si longtemps, mais dont on ne s'était jamais accordé le temps et l'espace que cela peut exiger.

Aujourd'hui, cette invitation vous est lancée, et le reste vous appartient à présent, totalement.

Ce livre a été écrit pour inviter chacun(e) à vivre cette expérience au moins une fois dans sa vie, pleinement.

Son contenu est entièrement dédié à tous les humains du monde entier, et à mes semblables Français en particulier, puisqu'une grande possibilité unique en son genre (et accessible) nous est offerte de marcher sur des Chemins balisés de GR ou sur ceux de Compostelle, et de parcourir ces derniers dans le but d'avancer vers le plus haut potentiel qu'ils peuvent nous offrir, à savoir : une profonde reconsidération de ce que nous pensions comme vrai, comme juste, comme important, comme nécessaire, comme prioritaire dans nos vies, jusqu'ici.

À vous qui avez ouvert ce livre, écrivez maintenant votre propre aventure du Chemin et ce que sera votre prochaine étape d'une nouvelle vie bien plus épanouie.

Pour vous y accompagner, et pour guider au mieux votre expérience et votre conscience lors des nombreux pas que vous foulerez durant un ou plusieurs mois, vous trouverez dans les pages qui suivent toute l'essence issue de l'essentiel de pensées et réflexions nées sur le Chemin.

Il s'agit là d'un florilège de hautes, vastes, profondes et minutieuses observations ou réflexions qui mériteraient bien d'accompagner l'esprit de chaque humain, devenu authentique pèlerin, pour un temps, sur son Chemin.

Voyez donc ce recueil comme un humble compagnon de voyage ou voyez-le tels les mots d'un ami bienveillant se joignant à vous pour attirer toute votre attention vers la dimension intérieure que fait vivre cette expérience. Voyez ce fil d'observations telle une méditation guidée visant à nourrir votre conscience, vos pensées, durant vos longs instants de marche en paix, en silence, à votre rythme ; que ceux-ci aient lieu en pleine Nature, en forêt, en campagne, comme de retour en ville parmi les gens.

Ce livre est là simplement pour inspirer ce qui sera et qui deviendra, en fin de compte, votre propre Voie, votre propre cheminement. Cet ouvrage et ses pages ne sont donc là que pour aider l'Humain en Soi à renaître, à observer, à mieux vivre le Chemin, ses événements, ses multiples rencontres, ses grands agréments comme ses éventuels petits désagréments ; à mieux voir, sentir et ressentir ses immenses enseignements, afin d'enrichir le plus possible chaque journée et chacune de vos étapes.

Son mode d'emploi sera celui qui vous conviendra. Ces pensées et réflexions numérotées peuvent donc être employées selon votre gré, en saisissant par exemple aléatoirement une page chaque matin et chaque après-midi, ou alors en suivant dans l'ordre chacune de ces pensées et pages, journée après journée, telles qu'elles naquirent d'elles-mêmes sur le Chemin qui fut mien.

Ces mots, ces réflexions, ainsi que leur sens profond, viendront alors accompagner vos propres et futures observations qui seront tout aussi nombreuses sur votre Chemin, à n'en pas douter. Vous voilà assurément entre de bonnes mains. Le reste vous appartient pleinement.

– L'annexe présentant certains détails plus opérationnels d'un tel pèlerinage se trouve en fin d'ouvrage. N'hésitez pas à la consulter.

L'aventure peut commencer…

BON CHEMIN, PÈLERIN !

« Les deux jours les plus importants de votre vie sont le jour où vous êtes né, et le jour où vous trouvez pourquoi. » ~ M. Twain

Ce livre est dédié à tous les pèlerins de la Vie
rencontrés courageux et libres sur le Chemin,
et qui sont venus enrichir ce dernier d'une infinie Vérité.
Puissiez-vous tous trouver ce que vous étiez venus y chercher.

Vivre l'ultime liberté, sans réserve.

Aujourd'hui, je décide de vivre libre.
Je me libère de tout, à chaque instant qui m'est donné de respirer. Je vis libre du regard et des choix d'autrui.

Aimer la Paix plus que tout.

De la même manière que je peux demeurer calme en tout lieu et en toute circonstance si tel est mon véritable souhait, je peux également être heureux à chaque instant, si je le souhaite vraiment.

Aimer la Paix, la préférer à tout, et privilégier cet état, est le choix que je fais et qui permet d'ancrer profondément ce sentiment en moi chaque journée.

L'Amour de l'Instant en est l'issue. Il est la clé.

Fermer les yeux de l'esprit.

Je vis volontairement une cécité de l'esprit et de ses pensées. Je rends sciemment aveugle mon mental pour que s'ouvre instantanément un autre œil, un autre regard sur la Vie ; celui du Cœur, de l'écoute, de la Conscience, de l'Amour de l'instant, de la Paix, de la Joie, tous unis et présents en Soi, pour qui sait fermer les yeux de l'esprit et ouvrir cet autre regard sur la Vie.

Laisser mourir l'Insatisfait.

Cet état vit souvent en moi. Je le vois. Je le sens.
Je fais donc le choix de l'abandonner aujourd'hui.
Je décide alors de vivre à présent sans lui.
Ainsi, enfin, soudainement, je revis.
Je ressens et j'agis différemment.
Je me libère du plus lourd des poids, assurément.

Se (re)lier à la Vie, à Dieu[1].

Je vis d'un pas lent et heureux.
Je m'immobilise, le sourire aux lèvres.
Je me connecte à ce qui vit en moi.
J'écoute et j'y apprécie le chaos comme l'harmonie.

[1] Dieu se réfère ici avant tout aux Lois Universelles ; celles qui animent la Nature, l'Univers, le Vivant. La Loi sous-jacente à tout ce qui nous entoure.

Manger lentement, dans la Paix.

Voilà qui n'arrive pas assez souvent dans ma Vie.
Aujourd'hui, lors d'une pause, je le fais, je le vis.
J'apprécie lentement et pleinement ce qui me nourrit.

Se nourrir de Paix et d'Harmonie.

Je renoue avec la simplicité de la Vie au travers de chaque aliment qui me nourrit. Je fais entrer en moi les mêmes qualités que celles que je souhaite dans ma vie. Je me nourris et m'abreuve donc en priorité de la pureté et de l'équilibre parfait qu'offre la riche variété de simples fruits.

Voir et aimer la Pureté.

En tout, je vois la Pureté en premier.
Je m'en imprègne, je m'en nourris, je la nourris.
Ainsi, en moi, en autrui, elle apparaît. Elle vit.

Aimer la faim.

J'apprécie la sensation de faim. Je la laisse venir à moi.
Elle alimente alors et ensuite un authentique appétit.
Par elle, je réapprends ainsi à aimer le goût de la
simplicité à laquelle la Vie cherche tant à nous inviter.
J'aime et apprécie donc le vide de mon estomac, que je
ne cherche plus à remplir sans cesse, à l'image de vides
ou d'absences que je comblais par ce biais dans ma vie.

Ralentir, et observer la Vie.

Je ralentis, volontairement.
J'en fais même à présent une priorité, au point de parvenir également à m'immobiliser totalement.
Je prends ainsi le temps d'observer, de contempler, d'apprécier la moindre beauté par laquelle je suis entouré ; et par laquelle tout est animé et habité.

Respirer et apprécier la Vie.

J'inspire la Vie. J'expire la Vie. Profondément.
Je retrouve là l'essentiel ; ce qui est le plus important.
Je l'avais oublié ; mais plus à présent.

Rendre chaque instant Sacré.

Être en vie l'est, et cet état se suffit.
En ralentissant, je le vois, je le sens ; je le suis.
Mes pensées, mes paroles et mes actes le deviennent alors aussi, en chaque instant, en moi, avec autrui, et j'entre ainsi inévitablement en harmonie avec la Vie.

Vivre avec le Soleil.

Je vis au plus près de lui, selon ses périodes et son rythme. Il guide chaque jour mon entrée sur le Chemin, ma marche, mes pauses, mon arrêt, mon coucher. J'entre en harmonie avec lui, et ainsi avec la Vie. Je suis sa courbe. Elle imprègne mon pas, mes choix. Je suis sa lente progression et ascension du matin, l'atteinte d'un certain zénith à midi, suivi d'un déclin progressif et inévitable durant l'après-midi, avant de céder enfin la place au repos, avec l'arrivée de la nuit.

Vivre les bras ouverts, la main sur le Cœur.

Ainsi je demeure en moi, je médite ; et ainsi je vis.
Ainsi, je suis et j'agis en premier lieu à chaque pas, à chaque instant, à chaque rencontre, à chaque choix.
Ainsi j'aime et j'accueille enfin pleinement la Vie.

Entrer dans l'Infini et l'Illimité.

Je m'autorise cette pleine liberté d'action ; je l'essaie. Je vis et laisse s'exprimer ce potentiel et cet héritage avec lequel je suis né, mais qui a jusqu'ici été si peu employé. Je fais ainsi tomber nombre de murs invisibles ; ceux de limitations illusoires que j'entretenais sans m'en apercevoir.

Demeurer en lien avec chacun des sens.

Je vois, je sens, je goûte, je touche, j'entends…
J'en prends aujourd'hui le temps.
J'entre ainsi en contact direct et pleinement conscient avec l'Univers où je vis, avec le monde entier, et avec toute la Création et la Vie par laquelle je suis entouré. Je me permets à nouveau d'être simplement émerveillé.

Oser être Soi en totalité, et l'exprimer.

J'accède à ce que je suis, à ce que je vois en moi, à ce que je ressens à chaque instant, puis je l'exprime librement, car c'est en définitive cela le véritable Don de Soi.

Ressentir l'Amour total en tout.

Je vois et j'accepte chaque instant de mon existence pour ce qu'il est véritablement au cours de chaque jour et de chaque nuit : un acte d'Amour total de Dieu[1] ou de la Vie ; le souffle invisible qui me maintient en vie.

---

[1] Dieu se réfère ici avant tout aux Lois Universelles ; celles qui animent la Nature, l'Univers, le Vivant. La Loi sous-jacente à tout ce qui nous entoure.

« Marche comme si tu embrassais la Terre avec tes pieds… »

Aimer, aimer, et aimer encore.

J'apprends à vivre dans un état d'Amour constant ; le seul état qui soit en fait véritablement important.

DE SANTIAGO
14 16

Observer le monde animal comme végétal.

Ici s'obtient une source inépuisable de Vérités sur la Vie, au travers de la contemplation de ses Lois et de son semblant d'ordre et de chaos apparents, qui offre finalement et pourtant le résultat de la seule, profonde et durable harmonie qui soit et qui sera en tout temps. De cela, j'observe et j'apprends ; puis je comprends.

La Nature montre la Voie.

Saurais-je toutefois le voir et m'inspirer de cette Voie ?
Je me dois pour cela d'ouvrir les yeux en premier lieu
puis de regarder tout autour de moi car, lorsque je m'y
emploie et soumets mes interrogations aux Lois
observables de la Nature, par une contemplation
minutieuse de ce que disent celles-ci, je vois alors que :
oui, toutes les réponses à toutes mes questions se
trouvent bien là, en ces lois d'équilibre et d'harmonie.
La Nature est et demeure le meilleur repère qui soit.

Vivre pleinement, sans aucun but à atteindre.

Je vis pleinement et sans aucun autre but à atteindre que celui-ci même. Je vis alors selon l'état d'Amour de l'instant qui en jaillit, en Soi comme avec autrui, et qui nous invite à bien demeurer sur cette Voie-là, à chaque nouveau pas foulé puis au suivant, sur ce qui devient ainsi le Chemin inspirant d'une vie authentiquement libre et épanouie, à chaque instant.

La présence et l'influence d'autrui peuvent être aussi libératrices qu'asservissantes. Elles peuvent alléger notre pas ou l'alourdir à chaque instant. Elles peuvent élargir nos choix ou les réduire à chaque pas.

JAKUE
BIDEA
2000
EUSKAL
HERRIA

Se confronter à la Vérité de ce qui est, est le meilleur enseignement qui soit.

Qu'il s'agisse de causes ou de conséquences ayant mené à une situation plaisante comme déplaisante, que ma vie mène à la joie ou à la maladie, au bien-être comme au mal-être, je m'y confronte avant tout avec la Paix en moi et en mon esprit : celles qui donnent ensuite accès à une compréhension honnête et donc infinie envers les origines et la Vérité indiscutable de chaque fait, de chaque cause, de chaque effet. Ainsi, et dès lors, tout peut enfin être accompli, pour Soi comme avec autrui.

Le Temps n'existe pas.

Il ne prend vie que dans notre esprit et par notre désir de tout maîtriser à chaque instant, n'étant lui-même qu'une illusoire réalité divisée et limitante.

L'Amour est l'énergie et la vibration qui vit en tout, qui s'exprime à travers tout, de manière continue. C'est aussi ce qui vit en nous et qui doit guider nos pas comme chacun de nos choix, sans jamais être bridé par soi-même ou par qui que ce soit.

Se libérer de toute notion de Temps, c'est vivre librement dans l'Éternité et la Joie d'exister pleinement.

S'extraire de tout but et de tout Temps, et voilà que naît la Vie et sa Liberté infinie.

Qui compte le Temps ne peut vivre ou aimer pleinement.

SANTIAGO

Aimer, c'est prendre le temps de voir, de regarder, de sentir, de ressentir, de toucher, de goûter, d'inspirer, d'expirer, d'exister.

Sans but et sans fin.

C'est lorsque l'on ne cherche pas à atteindre le but ou le bout du Chemin, mais à le vivre seulement, que tout est accompli et véritablement atteint.

Rencontrer les Siens, sur le Chemin, ou les laisser venir à Soi, qu'ils soient donc connus ou inconnus, c'est voir comme l'Humain est fondamentalement bon et gentil. C'est aimer l'Humain et renouer avec la Vie.

La douleur, la souffrance, ne seraient-elles finalement pas qu'un symptôme, une conséquence, de toute résistance à la Vie, à ses lois, à son rythme, à son infinie patience, à sa Paix naturelle, à l'Amour de l'Instant ?

Le Sage s'assoit, patiente, observe, contemple, et en particulier lorsque le doute ou le tourment se fait présent en lui et que le prochain pas, le choix suivant, se montre absent pour le moment. Il sait s'accorder pleinement le temps avant d'agir ; autant qu'il le faudra.

CAMINOS DE
SANTIAGO
EN EUROPA

Il n'existe aucun réel Chemin car, entre un point A et un point B, les sentiers sont multiples, voire infinis. Le chemin le plus visible n'est donc en fait qu'une voie maintes fois foulée et empruntée par autrui avant soi. Ce chemin-là, cette voie-ci, demeurent donc limités. Qui vit véritablement libre saura s'en éloigner pour un instant ou toute une vie, devenant alors immédiatement plus vaste, riche, vivante et épanouie.

Chaque Être a son rythme qui ne peut être forcé.

Chacun vit selon sa propre vision de la Vérité, issue elle-même du Chemin qui aura déjà été foulé ou ignoré. Aucune autre réalité ne peut donc se voir forcée. Il ne sert ainsi à rien de s'évertuer à juger ou à vouloir convaincre autrui ; mais nous pouvons néanmoins espérer avoir assez usé de notre propre Vie et de l'autre exemple que nous incarnons, pour venir ébranler toute conviction non fondée et mieux éclairer la vie d'autrui, autant que celle-ci est venue éclairer cet état de fait.

À chaque jour son plus grand et bel enseignement de Vie, sa plus belle nouvelle Vérité ; car qui aime prendre patiemment le temps de voir, d'écouter et de comprendre tout ce qui peut surgir de « bon » ou de « mauvais », parvient à vivre toujours inspiré au plus haut point durant chaque journée qui lui est donnée.

Chaque jour renaît avec le Soleil.

Ainsi se montre aussi notre propre Vie à chaque Réveil.

Accomplir son Chemin.

Tout Humain (ou Pèlerin) peut accomplir son Chemin en quelques pas comme en mille, comme sans aucun.

La sincérité, la conscience, la confiance et la profondeur mises en l'expérience pleine et totale du Chemin feront toute la différence, dès le premier pas.

Ce monde est un Temple Sacré.

Tous les phénomènes visibles ou invisibles qui l'animent, qui le créent, et qui le rendent bel et bien possible, le sont tout autant. Chaque pas que nous foulons en cet Univers l'est également, tout comme chaque événement qui s'y produit avec ou sans nous à chaque instant. Notre Vie s'apparente donc bien plus à celle d'un Être immatériel conscient et évoluant avant tout dans un monde spirituel ; un Être qui évolue au centre d'un Temple Sacré, au cœur duquel Tout est né.

Vivre et laisser vivre. Vivre et laisser mourir.

J'apprends à abandonner le désir de contrôler les pensées et les actes d'autrui. Je m'affranchis ainsi du plus lourd poids et de la plus grande source de conflits qui puissent exister. Je deviens alors infiniment plus libre de vivre, et autant que chacun l'est.
J'apprends en fait à aimer.

Vivre dans le Silence en priorité, c'est vivre dans la pleine Présence de Soi, et de tout, en permanence.

C'est ainsi s'exprimer avec une plus grande conscience, donc avec une plus grande pertinence et, finalement, avec l'aide de la plus haute forme d'intelligence qui soit. Sur le Chemin, je me laisse envahir par le Silence, du matin jusqu'au soir, de mon lever jusqu'à mon coucher et, ainsi, je parviens enfin à m'exprimer avec toutes les qualités de ce grand Don oublié qui m'était donné. Lorsque le Silence doit être véritablement rompu, chaque mot consciemment prononcé devient qualité.

Accueillir ce qui vient à Soi.

Dans ce Silence constant et entretenu en moi, je vois et
j'entends bien mieux tout ce qui, chaque jour, vient à
moi. Je l'accueille alors totalement, à bras ouverts.
Je vis ainsi la Vie en totalité sans rien juger ni rejeter.
Je ne fais donc plus qu'UN avec le courant de la Vie et
de sa Volonté qui naît et qui s'anime à travers moi.
Ce courant devient alors le Chemin et la Voie vers la
plus profonde, vaste et libre des destinées qui soient.
Je m'en remets entièrement à cette authentique Volonté
et Liberté. Je m'abandonne à elles et trouve alors tout
ce que je pouvais chercher et espérer un jour trouver.

Pourquoi ne pas faire qu'aimer ?

Pourquoi ne pas viser uniquement l'Amour de chaque instant ? Pourquoi ne pas être et vivre comme l'ont montré et l'ont incarné les grands humains du passé ou leurs messagers inspirants qui ont traversé l'humanité ? Pourquoi ne pas être dès maintenant celui du Présent ? Qui pourrait donc m'en empêcher ?

Aimer l'humilité.

Le manque de respect pour les autres est un manque de vraie humilité et de douceur, parce qu'un esprit humble et tendre sait comment respecter chacun et toujours interpréter positivement les actions d'autrui.

Marcher longuement purifie profondément le Corps et l'Esprit.

Les Chemins en campagne ou en forêt, la Nature, le Silence, l'air pur, forment le meilleur environnement du pèlerin, du méditant, comme de l'humain qui redevient ainsi inévitablement plus sain de Corps et d'Esprit.

« **Va Pèlerin, poursuis ta quête** ;
Va ton Chemin, que rien ne t'arrête.

Prends ta part de Soleil et ta part de poussière ;
Le Cœur en éveil, oublie l'éphémère.

Tout est Néant ; rien n'est vrai que l'Amour.
N'attache pas ton Cœur à ce qui passe.
[…]
Garde en ton Cœur la Parole : voilà ton Trésor. » [1]

---

[1] Texte découvert au détour du Chemin, dans un gîte communal…

« Ne t'arrête pas de marcher… »

Marche.

« Tu es né pour la route. Marche.
Tu as rendez-vous. Où ? Avec qui ?
Tu ne sais pas encore ; avec toi peut-être. Marche.
Tes pas seront tes mots ; le Chemin, ta chanson ;
la fatigue, ta prière ; et ton Silence, enfin, te parlera.
Marche. Seul, avec d'autres, mais sors de chez toi.
Tu te fabriquais des rivaux : tu trouveras des compagnons. Tu te voyais des ennemis : tu te feras des frères. Marche.
Ta tête ne sait pas où tes pieds conduisent ton Cœur.
Marche. Tu es né pour la route, celle du pèlerinage.
Un autre marche vers toi et te cherche pour que tu puisses le trouver, au sanctuaire du bout du Chemin, au sanctuaire du fond de ton Cœur. Il est ta Paix. Il est ta joie. Va ! Déjà, Dieu marche avec toi. » [1]

---

[1] Texte anonyme, découvert au détour du Chemin, sur la place d'un village.

Vivre le Cœur grand ouvert, bienveillant.

Je marche et vis désormais chaque jour le Cœur joyeux et grand ouvert, tel ce grand-père de Pujols qui m'a montré et ainsi remémoré cette qualité humaine qu'il portait lui-même encore et que j'avais déjà portée aussi, spontanément, étant enfant.
Je l'emploie à présent.

Marcher, descendre, monter vers Soi.

Pas à pas, de haut en bas, de bas en haut et par monts comme par vaux, je marche toujours plus vers moi, en moi, au plus profond de moi, et vers ce qui vit de meilleur en Soi.

« En Chemin, nous nous connectons à notre essence… »

Prendre le temps de se connaître, vraiment, et de s'écouter, sans jamais se juger. S'accepter, puis communiquer sans condamner, c'est se révéler.

Vivant ainsi, je parviens à véritablement connaître, comprendre et communiquer avec respect et compassion. Je me vois et je me reconnais en autrui. Je ressens la même innocence, la même bonté, la même beauté, la même humanité ; celle présente ou oubliée. Je suis et deviens pleinement autrui. Je communie.

Réanimer l'Humanité en Soi, la Vraie, en s'y abandonnant en totalité, en s'y ouvrant tout entier.

Sur le Chemin, je vis chaque jour volontairement dans un certain dénuement matériel. Je suis donc mes pas ; j'ouvre mes yeux, mes oreilles, et offre ma voix à ceux et à celles autour de moi. Je laisse le meilleur de mon Humanité s'exprimer et circuler chaque jour aux alentours. Lorsque le contact sincère et honnête est là, en moi, avec autrui, je trouve un logement pour la nuit. Lorsque j'évite ou n'invite pas assez l'échange, le fait est que je n'en trouve pas. Créer un lien avec la Nature ou un animal rencontré sur le Chemin est aisé, mais y réussir autant avec l'humain inconnu dont je peux me sentir parfois si éloigné est aujourd'hui plus compliqué. S'abandonner à cœur ouvert à l'Humain, donc aux Siens, à Dieu[1], à son destin, à son prochain, voilà comment aider à se réconcilier avec l'Humain en Soi.

---

[1] Dieu se réfère ici avant tout aux Lois Universelles ; celles qui animent la Nature, l'Univers, le Vivant. La Loi sous-jacente à tout ce qui nous entoure.

CANTABRIA

Lâcher le Glaive et le Bouclier.

Je cesse d'être le bon soldat qui fut formé par la société, et pour la société. Je vois, je comprends, je ressens QUI vit alors réellement sous le masque et l'armure forgés que je portais, une fois ceux-ci tombés.
Ce « QUI » maintenant révélé, je le laisse être et faire en toute liberté ; je lui permets de s'exprimer en totalité et désormais avec une plus grande conscience de ses propres intentions, de ses pensées, de ses paroles et de ses actions. Je me laisse guider par lui pour observer, écouter, agir et aimer à chaque instant. Je regarde ainsi et à présent droit dans les yeux de l'Humanité, à chaque personne rencontrée, et lors de chaque sourire échangé. Je m'offre alors la liberté de communiquer à cœur ouvert. Je m'autorise enfin à communier avec mes semblables, mes frères, mes sœurs, et notre Humanité.

Donner, et toujours un peu plus en retour que ce qui fut reçu.

J'entre à chaque pas aujourd'hui dans un âge et vers une nouvelle Vie où un grand cycle semble s'inverser. En effet, après avoir tant reçu d'autrui depuis que je suis né, et cela sans jamais avoir autant rendu de ce qui me fut donné, ni sans jamais avoir vraiment compris à quel point tout cela m'avait bénéficié ; à présent, sur le Chemin, ceci devient de plus en plus visible et évident. Je le vois, je le sens et, désormais, le temps est venu pour moi de donner au moins tout autant.

« Étroit est le Chemin qui mène à la Vie, et il y en a peu qui le trouvent. »

Il se trouve pourtant bien là, autour de Soi, constant, permanent, s'ouvrant à Soi à chaque instant pour qui garde les yeux ouverts et sa Conscience bien présente, juste derrière.

Inspirer par le regard.

Lorsque je marche de ce pas lent et dans cet esprit de profonde liberté de mouvement, se trouve visiblement dans mon regard un langage silencieux qui appelle et réveille la même aspiration chez autrui : une indicible étincelle et invitation menant à la même joie simple et authentique, ainsi qu'à la même liberté qui semble alors s'exprimer spontanément chez qui je laisse plonger au plus profond de mon être, afin d'y ressentir ce total Amour de l'Instant.

Chercher le regard.

Plus que parler, je cherche aujourd'hui et avant tout le regard d'autrui en premier pour pénétrer au plus profond de ce qui vit caché en lui et derrière lui. Lorsque je suis en Paix, une puissante Lumière semble entrer et pénétrer le regard trouvé (même obscur ou semblant fermé). Plus que voir ou constater l'absence de Vie qui peut parfois y résider – et devenir tenté de le juger – je choisis de laisser autrui pénétrer aussi cette Lumière qu'est la Joie, la Paix, l'Amour de l'Instant et la bienveillance par lesquels je suis habité et qui lui sont ainsi communiqués. Il devient alors évident qu'un lien invisible et souvent irrépressible s'établit par un tel contact visuel se créant à travers ce Chemin de Lumière qui vit de moi à celui ou celle avec qui un tel lien naît.

« L'Amour trouve le Chemin… »

Trouver l'Amour de l'Instant sur le Chemin.

L'Amour de l'Instant se trouve en faisant simplement le vide en soi ; le vide en son esprit, le vide de pensées, le vide de désirs ou d'attachement en son Cœur.
La Nature ayant horreur du vide, ce dernier sera vite comblé par tout ce qui anime la Vie et qu'il convient d'appeler de manière appropriée : l'Amour de l'Instant.
Cet Amour trouve alors toujours son Chemin.
Il ne reste à chacun que de le laisser ensuite librement s'installer ainsi en Soi, puis s'exprimer en totalité.

Une réalité du Chemin.

Tout comme l'on croise peu de consciences et de présences profondément Humaines dans la Vie, le fait est que l'on croise peu d'authentiques pèlerins en quête d'un plus haut Soi sur le Chemin parcouru, mais bien plus de randonneurs pressés d'arriver, de se loger, de profiter de leur congé ou de ce lieu étranger, et qui, finalement, ne cherchent qu'à rester distraits toute la journée, sautant d'un désir à l'autre, et échappant ainsi et pourtant au bonheur qu'ils sont venus chercher.

Ce n'est pas le « Quoi » de ce que l'on fait qui importe vraiment, mais le « Comment » on l'accomplit qui est réellement important.

Voir des Frères et des Sœurs, uniquement.

En voyant ainsi et constamment ceux et celles que je croise sur le Chemin, je transcende mon humanité, toute l'Humanité ; je la vois, je la vis, je la comprends mieux que quiconque et que jamais auparavant.

Prendre son temps. Respecter le rythme lent et libre que je souhaitais profondément conserver. Avoir totalement confiance en l'absence de délais.

Je m'abandonne à cette vie-ci.
Ainsi, je réussis pleinement ce qui est entrepris, vécu, voulu, souhaité. Tout est accompli ; tout est réalisé, dès lors que je ne cherche à rien contrôler et que je me laisse juste guider par la Vie au fil de chaque journée.

Voyager léger. Vivre d'un pas léger.

« *You have good legs !* [1] » (Will, Angleterre)

Non. Je voyage juste sans fardeau inutile.
Je marche donc d'un pas léger, avec un corps et un esprit purifiés, le devenant toujours plus sur le Chemin.
Je marche alors et également le cœur tout aussi léger.

[1] « Tu as de bonnes jambes ! »

Marcher seul, le plus souvent. Être et demeurer au plus près de Dieu[1] ou de la Vie à chaque instant.

Je marche en Silence comme si rien ni personne d'autre n'existait. Je marche ainsi en Pleine Conscience et, paradoxalement, je suis alors profondément en Paix, comme nourri par un sentiment d'Unité, et plus apte à recevoir ou à donner à ceux qui peuvent m'entourer.

---

[1] Dieu se réfère ici avant tout aux Lois Universelles ; celles qui animent la Nature, l'Univers, le Vivant. La Loi sous-jacente à tout ce qui nous entoure.

S'éloigner des Peurs. S'approcher du Bonheur.

Plus j'apprends à vivre avec peu sur ce Chemin de Liberté et sa longue durée, moins je vis habité par les peurs majeures portées par l'humanité d'aujourd'hui, comme la peur de manquer. À chaque nouveau pas foulé, je m'éloigne ainsi du chemin de la Peur, de ses désirs, et de leurs attentes, et je m'approche tout autant, et en même temps, du Chemin menant à la confiance et à la simplicité de l'Amour de l'Instant.

Être et demeurer sur le Chemin.

Sur le Chemin, chaque jour est à l'image de la Vie et du Vivant. Il devient un véritable parcours invisible devant être suivi instinctivement, qui mène alors vers toujours plus de Compréhension et donc d'Amour de l'Instant. Cela ne semble cependant devenir vrai que pour celui ou pour celle qui vit et qui demeure Conscient, en Harmonie avec la Vie, et cela, à chaque instant.

1500 CHAMBERY
XIXON 60K
COVADONGA
748 BRIVE
LA ISLA 9K
VIGO 472
PALMA DE
MADRID 525K
SANTIAGO 356
PARIS 1.132
KÖLN
LUARCA
VIGO 435

D'où viens-tu ? D'où es-tu parti ? Jusqu'où vas-tu ?

Telles sont les questions courantes du pèlerin d'aujourd'hui, et de l'humain fréquent du Chemin. La question la plus importante devrait être pourtant : « qu'as-tu donc appris aujourd'hui sur le Chemin ? » ou encore « pourquoi es-tu ici, à parcourir ce Chemin ? ». Voilà qui – lorsque cela se produit – crée bel et bien immédiatement un lien bien plus profond et puissant.

De l'influence du monde sur le monde.

Marcher seul sur le Chemin, si loin de tout par moments, et depuis si longtemps maintenant, me permet de mieux voir et ressentir l'omniprésence des influences ; en particulier lorsque je me trouve à nouveau au cœur d'une concentration de population : les villes. Je m'aperçois que, sans Pleine Conscience, sans une réelle attention de ce qui se produit en moi à chaque instant, et lorsque j'agis donc avec précipitation, mon esprit répondra alors à d'innombrables influences venant d'autrui ou du monde qui m'entoure. Je cède ainsi facilement – et contre mon gré bien souvent – aux tentations inutiles ou futiles que j'avais pourtant souhaité abandonner. Pour contrer ceci, je ralentis mon pas, et j'augmente ainsi le retour de ma Conscience. Je me prémunis alors des effets de ce monde d'influences.

Vivre hors de toute influence des choix d'autrui.

Je suis mes pas.
Je suis avant tout mon ressenti, plus que mon esprit.
J'écoute et j'observe aussi ce qui se passe et ce qui se dit autour de moi, mais je m'assure que mon choix correspond en premier lieu à celui dont j'ai réellement envie, et cela sans aucun compromis ni l'avis d'autrui.

Faire du Silence et de la contemplation sa religion.

En procédant ainsi, j'entre irrémédiablement en contact plus direct et total avec la Vie tout autour de moi, comme avec tout ce qui vit au même instant en moi. J'entends, je vois, je ressens ainsi plus parfaitement toute la profondeur de l'instant présent, car je lui permets de jaillir et de se manifester librement puis d'imprégner sans aucun frein mon être tout entier.

La Vie s'exprime alors naturellement en retour, avec joie, et à travers moi. Elle me mène finalement jusqu'à l'état de conscience le plus libre et élevé qui soit.

Comprendre que le Bonheur est déjà présent en Soi, depuis toujours, et pour toujours.

Je ressens que sa poursuite est vaine, car elle induit alors une quête perpétuelle tournée vers l'extérieur de soi, donc vers la dimension matérielle de la Vie, bien plus que vers l'univers immatériel, d'où tout naît et jaillit. Le Bonheur est en fait déjà là, depuis le jour de notre naissance. Je le retrouve dans la simplicité du Chemin ; se trouvant être la même que celle qui composait auparavant chacune de mes journées d'enfant. Il apparaît que, de cette simplicité, je me suis depuis éloigné, année après année, toujours plus happé que je fus par les innombrables merveilles superficielles du monde, par ses constants progrès, par son confort limitant ensuite toute pleine expérience de la Vie, et par sa nouvelle sécurité enfermant dans la conformité.

Ainsi, du Bonheur, du Simple, du Vrai, j'ai été distrait. Je vis aujourd'hui une ère de distraction à son apogée.

Par un retour à une plus grande simplicité, comme je le vis aujourd'hui sur ce Chemin, pas à pas, jour après jour, peut s'amorcer le retour en Soi, le retour à Soi, la Voie vers le Bonheur, le Beau, le Vrai, l'Authentique, le désintéressé. Le sens réel de la Vie peut ainsi être compris… et enfin retrouvé.

« I shall leave and live, or stay and die.[1] »
(William Shakespeare)

La Vie est intimement liée au mouvement, autant que l'est celui de la respiration qui nous maintient vivants.

[1] « Je devrai partir et vivre, ou rester et mourir. »

Face à l'adversité ou à l'incompréhension : le pouvoir de la question.

Que je me la destine ou que je l'offre à celui ou à celle affirmant à tout va, la question est bien souvent le meilleur remède, et la meilleure solution.
Une simple question venant interroger la véracité d'un propos, obligeant alors à le démontrer, suffit à ébranler nombre de convictions et à ainsi les ramener à ce qu'elles sont la plupart du temps : des croyances.
Le manque de fondation de ce qui est pensé ou dit se trouve alors révélé, et la certitude, sapée. Seul l'esprit véritablement en recherche de Vérité s'efforcera d'aller au-delà de la question posée. Ceux ou celles qui ne le sont pas vraiment en resteront là. Dans tous les cas, par la question, une graine fondatrice d'une profonde réflexion sera désormais plantée, germera et grandira.

« Tous les jours, je vois des pèlerins se lever à 5 h du matin et partir en frontale [1] sur le Chemin… »
(parole de pèlerin)

Oui. Nombreux sont ceux et celles qui partent ainsi, dans la nuit, tels des randonneurs forcenés de la vie, vivant alors chaque jour « en frontal » avec le Chemin, … donc avec la Vie.

[1] Diminutif courant de « lumière frontale », une lampe s'accrochant au front.

À chaque étape et retour au monde, à ses villes,
à sa concentration de population, à ses bruits,
à sa confusion et à son agitation : Ralentir.

Je reviens ainsi à la Pleine Conscience, au plus profond Silence nécessaire en Soi, et à la Vraie Communication.

Marcher chaque jour vers la Fraternité Humaine,
sa diversité, sa complémentarité ; s'y retrouver, s'y
révéler en Chemin, puis profondément l'aimer,
… enfin.

Prendre conscience que le Chemin de la Vie est toujours bon et juste pour qui l'est tout autant et profondément en lui-même, et pour qui vit dans cette totale confiance en l'âme humaine.

Le Chemin est toujours simple, léger et facile lorsqu'on l'est soi-même.

L'opposé est tout aussi vrai.

L'Amour de la Vie se cache derrière chaque petit moment, … derrière tous les petits détails de chaque instant, … bien plus que devant les grandes apparences ou les grands événements.

SANTIAGO COMPOSTELA
SAINT CIRQ LAPOPIE

Marcher, marcher et marcher encore ; toujours plus loin, toujours plus longtemps.

Ainsi, j'apprends inévitablement à discerner la différence entre la futilité et la réelle utilité de tout ce que je continue de porter chaque jour avec moi.
Il devient alors aisé de me délester toujours plus de la première, et de vivre ainsi plus léger grâce à la dernière.

Adopter chaque jour la Parole Juste (I).

J'emploie un discours simple, honnête, direct, bienveillant, et sans excès d'humilité ni aucune exagération, ou aucun désir de manipulation.

J'en découvre ainsi tous les bienfaits ainsi que l'immense amélioration dans la qualité de mes relations.

Adopter chaque jour la Parole Juste (II).

La Parole la plus juste semble être celle naissant au plus loin de toute agitation mentale ou sociétale, donc au plus près de la lenteur et du calme de nos mouvements, ou encore celle qui naît dans l'immobilité la plus totale. Cette Parole-là se manifeste en définitive au plus près de l'état de Silence et de toutes ses qualités inhérentes, et elle s'en trouve alors totalement imprégnée.

Le Chemin central de toute vie est l'Amour.

Ce Chemin commence en effet chez chacun, enfant, par l'Amour reçu – *autant avant qu'après la naissance, par la dévotion maternelle et / ou paternelle* – jusqu'à ce que nous connaissions ensuite nous-mêmes l'Amour qui sera naturellement invoqué au travers de la survenue de notre propre paternité ou maternité. Ainsi nous guide la Vie ; et entre ces deux grands moments, puis au-delà, il appartient dès lors à chacun(e) de cultiver et de conserver ce même Amour en Soi, de ne pas laisser les autres événements de la vie ou qui que ce soit le diluer, le diminuer, nous en distraire ou le disperser ; car c'est bien souvent ce que parvient à faire la société.

La Voie de la Compréhension, celle de la Compassion, comme celle de l'Amour, qui ne sont en fait qu'une seule et même Voie, existe et demeure en toute circonstance, et au-delà de toute apparence. Ainsi, même la plus désagréable des situations est donc une leçon vers plus de Compréhension, de Compassion et d'Amour envers la ou les personnes en question.

Chaque personne rencontrée est comme un Père, une Mère, un Frère, une Sœur qui agissent et nous accompagnent consciemment ou non sur le Chemin, car tous les comportements humains, plaisants comme déplaisants, et venant de chacun(e) sans exception, sont porteurs d'un enseignement nécessaire et important.

Pour vivre ou se voir sous un honnête regard et ne pas – ou plus – se décevoir, mieux vaut cultiver des pensées qui sont justes et pures à notre propre égard comme à celui d'autrui.

Au cœur d'un silence prolongé, qu'il soit né dans le mouvement ou dans l'immobilité, émerge une forme de Connaissance infinie et insoupçonnée.

On y entend en effet une Voix silencieuse s'exprimer, venir nous éclairer, nous guider, … spontanément, intuitivement. La suivre est synonyme de Liberté.

Marcher chaque jour ramène toujours à une profonde Paix et à un fort sentiment de Liberté.

Sur le Chemin de la Vie, le mouvement est une clé.

PULSE
PUSH
THE HEART

Le meilleur moyen pour entretenir la Vie et la bonne santé de son Cœur ne vaut pas uniquement par des exercices physiques, mais aussi et avant tout en aimant : en aimant profondément le Chemin de Vie que l'on suit, et en laissant librement notre Cœur le guider, sans jamais lui résister ni interférer.

L'Humain d'aujourd'hui vit chaque jour si loin de la Paix totale du Cœur et de son Esprit…

Quel drame, sachant que celle-ci demeure pourtant constamment si près de lui… Mais qui d'autre que l'humain, devenu pèlerin, parvient encore à voir ceci ?

Paroles du Père Ernesto, sur le Chemin.
(*La Cabaña del Abuelo Peuto, Guemes, Espagne*)

« Nous vivons une époque où l'argent fait de nous des marionnettes. Il nous est demandé très tôt de suivre un chemin balisé vers un diplôme, un métier, et son argent hautement indispensable, dit-on, pour considérer notre vie comme réussie. Pourtant le Chemin de la Vie, lui, nous invite plutôt à apprendre au plus tôt à suivre un tout autre balisage, celui de nos « flèches mentales », celui de notre Cœur, de notre intuition ; celui que nous souhaitons intimement vivre et suivre au-delà des chemins tout tracés par la société ou par autrui dans notre vie. Ce Chemin-là, ce Camino de la Vida, ce Chemin de la Vie, nous démontre que nous avons en définitive besoin de bien peu pour vivre pleinement heureux et épanouis. »

PLAZA DE TOROS DE "EL BIBIO"
gijón-xixón
20 años en Figura
es
TORTURA

La misère est loin de n'être qu'une affaire d'argent.

Seule la misère en Soi, à l'intérieur, en son Cœur, crée la misère à l'extérieur, dans le monde. La misère n'est en fait qu'une question d'absence ou de présence d'Amour comme de Conscience en Soi. Ce que l'on voit dans le monde n'est finalement qu'un reflet de toutes les nuances qui existent entre ces deux extrémités que sont la présence et l'absence d'Amour et de Conscience.

Le monde n'est que la somme de ce que nous sommes.

« Continuez ! »

Ce que l'on appelle « être heureux », « être doué », « être talentueux » ne représente en fait que la faculté d'être pleinement présent et fidèle à ce que l'on est, passionné par ce que l'on fait, puis d'aimer l'exprimer.

Le Chemin et chaque pas que nous foulons chaque jour n'ont qu'un seul sens, ils n'ont qu'une unique direction, et qu'une principale destination :

Le Retour à Soi-même.

Chaque jour, nous avons un choix :
celui de nous rendre rapidement nulle part,
ou celui de marcher paisiblement quelque part.

Ici demeurent un sens et une clé de l'existence.
Ici demeure un choix qui fait toute la différence.

La première et plus grande peur dont nous héritons en grandissant est majeure, et il s'agit de celle de manquer. La dernière grande peur que nous portons est quant à elle encore bien plus subtile à identifier et à dépasser. Il s'agit de celle d'être et demeurer soi-même.

Le meilleur pas qui soit, pour fouler le Chemin, est à l'image du voyage vers l'Amour qui existe et demeure en chacun : subtil, doux, léger, sans jamais être pressé.

Le manque d'attention est ce qui détruit instantanément la perfection du moment.

Apprendre à être et demeurer heureux, peu importe les circonstances externes.

Voilà la seule et unique Voie qui soit ;
celle que je suis et qui motive mes pas.

En s'éloignant de la quantité, on marche instantanément et irrémédiablement vers la qualité.

Dans la douce et silencieuse solitude du Chemin, il devient possible de créer un dialogue sain avec soi-même, son âme et ses profondeurs insoupçonnées.

N'ayons pas peur de nous y confronter et d'en sonder toutes les vérités qui attendent d'être révélées.

Par l'observation des comportements et des lois s'exprimant spontanément et constamment dans la Nature tout autour de Soi, toutes les réponses, toutes les Vérités Universelles, peuvent être trouvées ou retrouvées. Il suffit de bien s'interroger et observer.

Chaque nouveau pas vient alors éclairer le prochain.

Le Monde, ses personnes, ses lieux, ses circonstances, ses événements, ne détiennent pas en eux-mêmes le pouvoir d'affecter la Paix, la sérénité, l'Amour, la Joie et l'Harmonie qui demeurent fondamentalement en nous-mêmes.

S'ils y parviennent, c'est que nous les y avons autorisés, et que nous les y avons laissé entrer par inadvertance.

Lorsque l'on porte la lumière en Soi, aucune obscurité ne peut y pénétrer.

« L'entrée dans le Temple de la Sagesse se fait par la Connaissance de notre propre ignorance. »

Lu sur le Camino Francés.

Toujours aller au Cœur des choses.

Qu'il s'agisse d'une nouvelle ville sur le Chemin, d'une nouvelle situation ou personne rencontrée ; que celles-ci nous paraissent plaisantes ou déplaisantes en première instance, il convient de ne jamais en rester à la circonférence ou aux apparences. Il est infiniment plus important et approprié de partir en premier lieu à la découverte complète et totale du Cœur du sujet.

Se rendre droit au Cœur, immédiatement en son centre, à la pleine découverte de ses origines, et avant toute tentation ou tout réflexe habituel d'un quelconque jugement, c'est aller à la rencontre de l'essence et de l'origine mêmes de la Vie et de l'humain qui la vit. C'est comprendre qu'on ne sait ni ne connaît finalement jamais rien, tant que le Cœur reste inexploré.

La critique, l'ennui, le désespoir, les pensées et les paroles négatives, ne signifient qu'une chose : l'égarement dans la complexité de la vie en société.

Le remède est un retour à la simplicité.

**Il est très simple d'être heureux,
mais il est si difficile d'être simple.**

Voilà pourquoi le Chemin est une si bonne Voie à emprunter, car il invite à renouer avec la simplicité ; il l'invoque même. Il (ré)apprend ainsi inévitablement à être heureux, tout simplement.

Lorsque les choses commencent à devenir trop complexes, mieux vaut s'arrêter, demeurer silencieux, intérieurement comme extérieurement, puis viser et retrouver le Chemin vers la plus grande Simplicité, avant de considérer le pas ou le choix suivant.

Le Chemin vers l'Amour de l'Instant, vers la Paix et le Silence de l'esprit, suit le même Chemin que celui de la modération et de la simplicité au quotidien.

Être certain de donner le meilleur de Soi-même…

… même au milieu des influences de la foule, même aux côtés de notre bien-aimé(e), de nos enfants, de celui ou de celle qui dit nous aimer ou ne pas nous apprécier, voilà une clé de l'authentique Amour, une clé de la véritable Liberté, et le socle indestructible et inébranlable, désormais, d'une certaine Paix ; car être et donner le meilleur de Soi-même est toujours bien assez.

La Vraie Paix – et le Véritable Amour qui vit en son Cœur – est sans peurs.

Cette Vraie Paix ose et sait sourire, s'exprimer et aimer en chaque instant ; et cela, au-delà de tout tourment.

Face aux comportements désagréables de nos semblables, il existe trois voies à emprunter qui n'en forment en fait qu'une seule et unique à suivre :

Celle du questionnement honnête et désintéressé des origines dudit comportement, qui mène alors à celle de la pleine compréhension de ces dernières, puis par conséquent à celle, indissociable, de la Compassion.

Au-delà, se trouve alors le premier pas sur la Voie de l'Amour de son prochain, enfin.

Lorsque l'on marche et demeure au beau milieu de la Voie dite du Cœur, s'élève alors en Soi une douce joie accompagnée d'un sourire tout aussi évocateur et léger à porter. Cet état parvient alors à se manifester, que nous nous trouvions seuls ou accompagnés. Ceci est le signe manifeste que l'authentique Voie de l'Amour de l'Instant est alors bien là, et vécue en Soi.

Ma présente Demeure est la Terre.

Son plancher est le Chemin de terre sous mes pieds ;
son plafond est le ciel et le soleil, venant m'éclairer ;
ses murs sont faits d'air et de nature, venant m'inspirer,
sa nourriture naît d'eau cristalline, jusqu'à me purifier,
et ainsi, par tous ses éléments réunis,
mon corps, mon esprit, comme ma volonté,
devenus alors de pierre, de feu et d'acier,
forgent en moi une nouvelle confiance infinie en la Vie.

En cette Demeure, toute peur s'est évanouie,
… au profit d'une profonde Liberté tout aussi infinie.

La Paix et le Silence forment le meilleur environnement…

… celui où la Vérité, l'Amour et leurs Lois peuvent naître ou m'apparaître, puis s'exprimer facilement, pour parvenir enfin à croître en moi, plus profondément.

Chacun devrait demeurer un humble Pèlerin de la Vie, une généreuse âme nomade, et cela même au Cœur de sa propre maison, de son propre foyer, de sa famille ou de ses activités, une fois ceux-ci retrouvés.

Nous sommes tous des enfants qui avons naturellement beaucoup pris et appris d'autrui au cours de nos premières années de vie, et pour qui vient un temps, à un certain moment, de donner et d'enseigner à notre tour, de transmettre, de partager, de faire preuve de générosité et d'Amour ; et cela, jusqu'au dernier souffle qui nous sera donné.

Chacun devrait demeurer un humble, paisible et généreux Pèlerin bien au-delà de la fin du Chemin.

Vivre pleinement le Chemin nous apprend à voir et à comprendre toute l'importance d'entretenir constamment les meilleures relations humaines qui soient, la toute-puissance d'un simple sourire sincèrement esquissé à autrui, la joie procurée par un repas seul ou partagé, le bonheur de s'hydrater lorsque la soif vient à se manifester, ou celui de se nourrir d'un simple fruit juteux venant d'être cueilli, celui d'avoir accès à une eau pure, à la Nature, à l'ombre ou à l'abri qu'offre le moindre arbre ou toit les jours de grand soleil comme de forte pluie.

Vivre pleinement le Chemin nous apprend à apprécier pleinement toute la richesse de la Vie.

La Vie, la mort, comme le destin d'autrui, ne nous appartiennent pas. Nul ne s'en octroierait le droit.

Alors pourquoi considérons-nous que la vie, la mort et le destin des animaux nous appartiennent autant ?
Et de quel droit ?

Go Vegan

La Souffrance, la nôtre, celle du Monde, celle des animaux, est optionnelle.

Nous la choisissons et la créons, ou non, selon chacun des choix que nous faisons.

Ce qui rend la vie d'aujourd'hui aussi complexe, chère, exigeante, voire pesante, ce n'est pas la Vie elle-même, ni les autres, ni la société.

Ce sont uniquement les peurs et les désirs dont nous avons hérité ; ceux et celles que nous portons et que nous nous transmettons de génération en génération.

Parcourir le Chemin en est une Voie de Libération.

« Ne cesse pas de croire ! »

Fondamentalement, tout Être Humain naît bon, est bon, et veut être bon avec son prochain.

Le seul élément manquant est le bon environnement. Celui du Chemin vient démontrer cela à chacun.

Finalement, est-ce que le Bonheur ne tiendrait pas juste à ceci : être et demeurer tel un Pèlerin de la Vie, qui marche et qui vit chaque jour le cœur léger au côté de ce dont il a réellement besoin au quotidien ; soit quelques objets pouvant tenir dans un sac et être portés sans jamais parvenir à alourdir sa vie comme son esprit, ni à lui coûter ou à lui peser au fil de ses journées, et au point d'apprécier chaque instant se trouvant ainsi fondé dans une authentique Liberté et sa grande simplicité ?

Oser être et devenir pleinement qui l'on est.

Ne serait-ce finalement pas là le but premier de la Vie et le premier grand pas que chacun(e) devrait fouler dans sa vie pour marcher vers la Liberté, la Vraie ?

Sourire…
Regarder au plus profond des yeux de celui ou de celle rencontré(e) ; puis ouvrir son Cœur en grand.

Le faire sans hésiter, puis exprimer dans l'instant tout ce qui peut émerger spontanément en Soi, sans attendre qu'un idéal de circonstances soit présent ou réuni, voilà qui permet d'aller droit au Cœur des gens et de chaque instant vécu, voire de transformer des vies.

Voilà l'enseignement ultime du Chemin de la Vie ; celui qui nous permet, lorsqu'il est appliqué, de connaître et de vivre l'Essence même de notre Humanité.

Ne manquons donc jamais chaque occasion qui nous est donnée chaque jour de l'exprimer.

Lorsque la Vie semble nous lancer un fort appel, et qu'une certaine confusion en nous s'est installée au fil des années, la meilleure réponse à donner est d'entrer en mouvement, de prendre paisiblement un Chemin, pour devenir durant un temps suffisant un pèlerin libre et libéré.

Ainsi, les racines du tourment deviennent bien plus conscientes et visibles, et nos nouvelles priorités, bien mieux éclairées.

La Vie est composée de ces cycles réguliers qui doivent être écoutés et respectés pour que l'évolution que nous souhaitons intimement – et vers laquelle nous sommes appelés – puisse être révélée et enfin se réaliser.

Finalement, est-ce que tout le monde Naturel qui nous entoure ne serait pas en fait qu'une pure et réelle, mais invisible, manifestation d'Amour ; un semblant de chaos n'étant en fait que pure loi d'équilibre et d'harmonie, dont nos vies font intégralement partie ?

Finalement, est-ce que la Vie et les expériences vécues sur le Chemin ne mettent pas en évidence la Vérité qui existe entre l'essentiel et le superflu ; entre l'important et l'insignifiant ?

Ce que l'esprit veut et désire est source de confusion, de plaisirs éphémères et d'insatisfactions à répétition.

Ce que le Cœur pressent, sent ou ressent est bien plus source de raison.

L'esprit ne devrait donc rester que le merveilleux outil qu'il est, dont le bien-fondé demeure avant tout de réaliser les plus grands vœux et la volonté du Cœur.

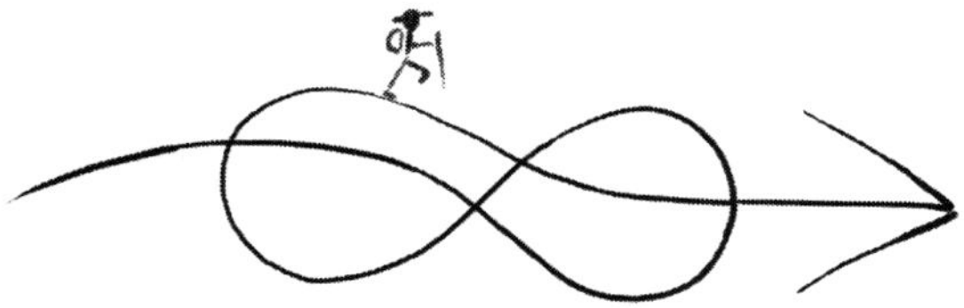

L'ultime Vérité du Chemin et de la Vie.

S'il était une Vérité ultime que seul le Chemin ou la Vie peut nous révéler – une fois la Beauté et la Simplicité de l'existence humaine retrouvées – ce serait que le sens suprême à tout ce que nous vivons à chaque instant peut se résumer en deux verbes et priorités :

Apprendre et Aimer.

Par l'expérience pleine, directe et consciente du Chemin de la Vie, on ne peut en effet que constater à quel point tous les autres verbes et leur action ne sont en fait que des synonymes ou bien des degrés inférieurs aux verbes et actions si uniques que sont : Apprendre et Aimer.

Il suffisait effectivement d'oser ouvrir une grande « Parenthèse de Vie », de l'éprouver pleinement, puis de laisser ensuite la Vie sur le Chemin, ses expériences et ses enseignements décanter, pour s'apercevoir enfin de la réalité qui se cachait derrière cette ultime Vérité.

Et s'il fallait ne conserver qu'un seul de ces deux verbes à l'esprit pour nous guider dans nos vies et atteindre l'ultime Compréhension et Simplicité, il s'agirait alors du verbe Aimer, qui s'affirmerait naturellement comme l'ultime priorité, car même pour bien apprendre et comprendre, il faut avant tout Aimer Apprendre.

Fin, conclusion, ou nouveau commencement.

Il est quelque chose de vivant dans le mouvement nomade quotidien ; et il y a quelque chose en la Liberté. Il existe en effet une Voie qui s'éclaire d'elle-même sur tout long Chemin foulé par le paisible marcheur, devenu momentanément grand pèlerin des mondes intérieurs et extérieurs de l'humain.

Il se pourrait que ce soit tout simplement l'Amour de l'Instant, donc l'Amour de l'amour de vivre, et que ce pur sentiment qui fut progressivement perdu au fil du temps soit enfin lentement mais pleinement retrouvé.

Et il se pourrait bien que, désormais, ce dernier en vienne à ne plus jamais nous quitter.

Un nouveau rythme, un autre regard, un esprit détaché et un cœur grand ouvert et léger nous sont alors donnés, pour que plus jamais nous ne rebroussions Chemin une fois de retour en société.

L'emprise est terminée ; un pèlerin, un nouvel humain est né. Une âme consciente, confiante et libre nous habite désormais.

Nous avons rompu avec le monde ; nous avons fusionné avec la Vie.

Nous en avons retrouvé l'Amour et toutes ses réelles priorités, ses Vérités, sur ce long Chemin quotidien de vaste et d'authentique Liberté.

Nous pouvons alors, enfin, aujourd'hui, et à jamais, incarner le Chemin, la Vérité et la Vie en chaque instant, et cela avec la même humilité et simplicité de Cœur que celle du Pèlerin que nous avons longuement été, et qui vit à présent en nous pour l'Éternité.

« Votre voyage ne fait que commencer… »

– Annexe –

(Guide de préparation)

Équipement

À titre d'information, vous trouverez ici deux exemples d'équipements, et vous découvrirez ce qu'ils furent au départ, puis à l'arrivée.

1 - Chemin parcouru avec sac à dos (mode équipé)

<u>Contenu au départ</u> :

- 1 sac à dos de 40 L
- 1 tente ultra légère
- 1 tapis de sol gonflable
- 1 sac de couchage
- 1 drap de sac en soie
- 1 paire de sandales de randonnée
- 1 paire de chaussures de marche
- 1 cape de pluie
- 1 doudoune manches courtes ultra légère
- 1 sweat léger à capuche
- 2 t-shirts manches courtes
- 1 t-shirt manches longues
- 1 jupe-short
- 1 pantalon-short
- 1 pantalon
- 3 paires de chaussettes
- 1 serviette microfibres 65 x 90 cm
- 3 culottes

- 1 casquette
- 1 chèche de couleur blanche
- 3 pinces à linge
- 2 épingles à nourrice
- 1 paire de petits ciseaux
- 1 couteau suisse
- 1 téléphone + chargeur
- 1 appareil photo compact + chargeur
- 2 guides (Miam-miam dodo + Lepère)
- 2 gourdes (1 L + 0,75 L)
- 1 set couteau / fourchette / cuillère en plastique
- 1 petite lampe de poche
- 1 batterie externe
- 2 calepins
- 1 livre
- 1 trousse à pharmacie (argile verte, huile essentielle de Tea Tree, de lavande, quelques compresses, Compeed, huile de coco, Elastoplast, crème pour pieds)
- 1 pince à épiler
- 1 coupe-ongles
- 1 briquet
- ¼ de savon d'Alep
- ½ shampoing solide
- 1 petit peigne en bois
- 1 paquet de mouchoirs
- 1 paire de bouchons d'oreilles
- 1 dentifrice
- 1 brosse à dents
- 1 morceau de ficelle
- 1 Credencial
- 1 carte bleue + argent liquide
- 1 paire de bâtons de marche

Contenu absent à l'arrivée :

- tente ultra légère
- tapis de sol gonflable
- sac de couchage
- paire de chaussures de marche
- épingle à nourrice
- appareil photo compact + chargeur
- guides (remplacés par une application smartphone)
- petite lampe de poche
- un des deux calepins
- huile essentielle de lavande
- huile de coco (mais remplacé par de l'Aloe Vera)
- Shampoing solide (remplacé par échantillons liquides)

2 - Chemin parcouru avec besace (mode très léger)

Contenu au départ :

- 1 besace en coton de 35 x 35 cm
- 1 tarp (sans les piquets) : pour faire office de tente.
- 1 bâche : pour se protéger de l'humidité au sol.
- 7 sardines en alliage ultra léger
- 1 cape de pluie
- 1 drap de sac (ou « sac à viande ») : pour le couchage.
- 3 slips
- 3 paires de chaussettes
- 1 pantalon long de randonnée
- 1 chemise longue de randonnée
- 1 chemisette de randonnée
- 1 short de randonnée
- 1 haut polaire
- 1 bas polaire (prévu pour aller sous un pantalon)
- 1 chèche couleur sable d'environ 1,30 m
- 1 lampe de poche
- 1 tube de dentifrice
- 1 brosse à dents
- 1 savon (coupé selon la durée d'emploi prévue)
- 1 mini serviette microfibres 65 x 90 cm et sa housse
- 1 rouleau de corde fine et solide (quelques mètres)
- 1 fourchette en plastique
- 1 couteau suisse
- 1 cuillère en plastique
- 1 boussole
- 1 paire de petits ciseaux
- 1 guide Lepère du Camino del Norte
- 1 téléphone portable + sa prise
- 1 petit carnet + 1 stylo

- 1 porte-monnaie plat contenant : carte d'identité, permis de conduire, argent, carte bancaire, Credencial
- 1 gourde de 1,5 L (portée en bandoulière)
- 1 petit sac en toile à bandoulières (pour la nourriture)

<u>Contenu absent à l'arrivée</u> :

- le tarp : qui n'a été utile qu'une ou deux fois.
- la bâche : idem.
- les 7 sardines
- le haut et le bas polaires : au profit cependant d'un haut polaire sans manches.
- la lampe de poche (avec batterie haute autonomie, mais finalement très lourde, et surtout très inutile)
- la boussole : les chemins étant très bien balisés.
- le guide Lepère : c'est bien au début, mais on peut finalement s'en passer par la suite. Plus enrichissant.

Période favorable

Il va de soi que la période la plus favorable sera l'été, mais fondamentalement, tout est possible.

Si vous êtes novice pour un tel pèlerinage, il est recommandé de choisir la période estivale. Certains chemins seront (bien) plus fréquentés que d'autres de ce fait, mais vous vous mettrez bien moins en difficultés. Qui plus est, vous aurez l'immense avantage de pouvoir voyager plus léger sans avoir à emporter tout un attirail pour vous prémunir du froid (tente plus lourde, sac de couchage plus lourd, vêtements plus encombrants, …).

Notez d'ailleurs que les exemples d'équipements des pages précédentes étaient un contenu pour l'été.

Généralement, tout pèlerin sera plus ou moins poussé à programmer son Chemin entre le mois de mai (minimum) et le mois d'octobre (maximum), sans quoi une difficulté supplémentaire sera à prévoir : celle des offres de logements qui sont bien souvent réduites au-delà de ces limites. Les mois de juin, juillet et août sont donc les plus favorables à tout point de vue, sauf celui de la fréquentation de l'éventuel chemin choisi (surtout sur la partie espagnole des Chemins de Compostelle). Cela dit, l'été demeure la meilleure recommandation.

Guide ou pas de guide ?

Se munir d'un guide papier relativement détaillé quant au chemin que vous allez parcourir est indispensable, tout du moins au début. Il vous facilitera la recherche des logements existants, des points de restauration, de la direction à prendre en cas d'incertitude, etc. Il facilitera votre apprentissage du Chemin, en particulier si vous débutez dans ce genre d'expérience.

Cela dit, il peut être intéressant de s'en débarrasser ou de volontairement cesser de l'utiliser pour, là aussi, à la fois s'alléger et surtout s'essayer à un parcours plus spontané, vers l'inconnu, donc non prémédité.

C'est bien souvent là que l'on vit une expérience un peu plus profonde, en s'extrayant de toute planification, en s'abandonnant un peu plus à la vie, la vraie, et il se trouve que cela pousse un peu plus au contact humain.

Vivez les deux types d'expériences ; vous y trouverez deux Chemins différents et l'un sera plus enrichissant que l'autre, tant intérieurement qu'humainement.

Prévoir ses logements ou non ?

Le guide se montrera utile pour vous aider à identifier les étapes et les logements possibles.

Cependant, tout prévoir à l'avance (comme nous le faisons presque quotidiennement dans notre vie de tous les jours) réduit considérablement la beauté et la richesse du Chemin et de l'expérience proposée.

Une bonne approche serait donc de tout essayer. Commencez par exemple à tout planifier durant la première partie de votre parcours, histoire de vous lancer, et de ne pas trop être en difficulté dès le début. Familiarisez-vous ainsi avec cette nouvelle vie sur le Chemin, puis essayez ensuite de vous débarrasser progressivement de cette nécessité de tout prévoir, pour entrer dans un autre courant de vie sur le Chemin, plus spontané, plus intuitif, et toujours plus confiant. Selon le parcours que vous aurez choisi, en particulier s'il s'agit de l'un des Chemins de Compostelle, il n'y a fondamentalement pas grand-chose à craindre qui plus est, car des logements se trouvent régulièrement et assez facilement. La vraie liberté se découvre et s'expérimente en s'abandonnant un peu plus au destin et à l'inconnu.

Se loger

Comme déjà indiqué dans l'introduction, le logement à moindre coût ne devrait pas être d'une grande complexité chaque jour. Qu'il s'agisse de refuges, de gîtes communaux, ou de possibilités de campement, tous se trouvent relativement aisément, en particulier de mai à octobre, et encore plus particulièrement sur les Chemins de Compostelle en été (*sur présentation d'une « Credencial » à tamponner ; n'oubliez pas de vous la procurer*).

Si vous vous débrouillez bien, vous logerez essentiellement dans des gîtes communaux ou des refuges durant votre parcours sur les sentiers français, et dans des albergues communales ou privées, en Espagne.

Il va de soi que vous allez connaître la vie en communauté, avec ses avantages et ses inconvénients, mais ouvrez-vous totalement à cette expérience, et ajustez-la si besoin par moments. Rien n'empêche de se prendre une chambre chez l'habitant ou une « pension » afin de « faire un break » et de se retrouver au calme occasionnellement, lorsque le besoin se fait présent.

Le coût final de votre pèlerinage sur l'aspect logement dépendra étroitement de votre ouverture aux autres.

Écrire

Que vous y soyez déjà habitué ou non, prenez avec vous de quoi écrire. Un petit carnet avec autant de pages qu'une à deux fois le nombre de jours que durera votre parcours devrait suffire.

Pourquoi ? Car il sera important de coucher sur le papier, de la manière la plus simple et concise possible, ce que vous vivez, ce que vous avez vécu intérieurement, ce que vous pensez avoir appris du Chemin, de vos rencontres et de vos nouvelles relations de pèlerin, de la liberté que vous avez ressentie, des aspects agréables ou désagréables vécus… etc.

Bref, ne laissez pas les moments importants s'envoler. Les écrire permettra qui plus est de les inscrire plus profondément dans votre esprit.

L'expérience personnelle et intime que provoque le Chemin vous suivra alors de plus près, et elle vous reviendra ainsi plus aisément à l'esprit face à telle ou telle situation, qu'elle soit nouvelle ou bien déjà rencontrée.

Votre vécu n'en sera que plus enrichi et profond.

Se Chausser

L'un des aspects le plus important pour un lancement réussi de votre pèlerinage sera assurément ce point-ci : trouver chaussure à votre pied.

Des chaussures de marche dernier cri ? Vos chaussures de sport habituelles ? Des sandales de randonnée ?

Ici aussi, tout dépendra du Chemin que vous aurez choisi, de la saison, etc. Dans tous les cas, vous devrez impérativement vous procurer vos chaussures bien avant votre départ, et avoir suffisamment marché avec. Personnellement, si votre choix se tourne vers des chaussures de randonnée, qu'elles soient montantes, semi-montantes ou basses, je recommande de prendre la pointure juste au-dessus. Car, oui, votre pied ne respirera pas autant qu'il le devrait (peu importe les arguments commerciaux et le prix payé). De ce fait, il chauffera et se dilatera. Il réclamera plus de place que sa taille initiale au fil des kilomètres de marche. Il faut l'anticiper.

Assurez-vous donc que vous et votre paire de chaussures ne fassiez plus qu'un (le plus possible) avant de vous lancer. Ajustez ce qui doit l'être en cas de besoin (type de chaussettes portées, serrage, lacets, etc…).

Cela dit, personnellement à nouveau, et en particulier si vous partez en été, je recommanderais de vous procurer plutôt de très bonnes sandales de marche et de ne pas lésiner sur la qualité et le prix de ces dernières.

Elles aussi devront nécessiter de l'anticipation au même titre que des chaussures de randonnées, et être portées et ajustées suffisamment à l'avance. Tout comme pourront le faire les chaussures de marche le temps qu'elles « se fassent », les sandales feront de même et vous blesseront peut-être légèrement le pied ici et là au début, le temps de « se faire », justement, et surtout le temps que vous procédiez à un meilleur réglage des scratches afin que ces derniers permettent à chaque sandale d'épouser à la perfection votre pied. Cela ne doit donc surtout pas vous décourager à vouloir vous chausser de sandales de randonnées plutôt que des « traditionnelles » chaussures. Si vous avez fait le bon choix, vos pieds vous remercieront mille fois et se montreront reconnaissants et endurants, sur la durée. Ils respireront ; ils prendront l'air, le soleil et même la pluie, et cela correspondra infiniment plus à ce dont ils ont besoin, que ne le font chaussettes et chaussures fermées.

Autre grand avantage : même en cas d'usure du pied, les sandales laissent la possibilité d'ajuster le scratch pour permettre une guérison facile, tout en ne perdant pas le plaisir de marcher tranquillement. Enfin, un jour de pluie ne sera pas un problème pour vous, et votre seule paire (légère) suffira pour tous les temps (en été seulement).

Marcher

Le meilleur conseil à donner ici pour bien se lancer sur le Chemin choisi sera : allez-y tranquillement.

Personne ne vise un exploit ou un record à battre ici. C'est le voyage, à chaque pas, qui est la destination visée.

De ce fait, profitez pleinement de chacune de vos étapes, sans vous presser. Allez à votre rythme, et à celui de vos pieds pour commencer, et en particulier lors des tout premiers jours de marche. Laissez à votre corps, à vos jambes, à vos pieds, autant qu'à votre esprit, le temps de s'accoutumer à ce nouveau mode de vie dans lequel vous entrez ; une vie nomade pour un temps, une vie de pèlerin qui suit son Chemin paisiblement, mais pour de longues journées de marche néanmoins et généralement.

Ne vous précipitez donc pas. Préservez bien vos pieds. Ils sont pour cette expérience vos plus grands amis et votre plus grand bien ; ceux qui permettront que ce long et beau Chemin qui vous attend soit pleinement réussi.

Prenez-en alors soin. Nettoyez-les bien à chaque fin de journée. Massez-les. Étirez-les. Baignez-les en eau douce ou de mer si la possibilité vous est donnée une fois la journée de marche terminée, et vous verrez combien ils deviendront endurants et prêts à vous mener jusqu'au bout du monde, ou tout au moins jusqu'à votre prochaine étape du lendemain, tout à fait revigorés.

Et, quoi qu'il en soit, si vous avez commis l'erreur de suivre vos désirs de performance ou d'atteinte à tout prix d'un but inconsidéré au détriment de vos pieds, ils ne se montreront pas rancuniers mais vous préciseront néanmoins de nouveau le bon rythme plus naturel vers lequel vous devez retourner. Vous n'aurez d'ailleurs pas le choix, et c'est tant mieux. Vous expérimenterez ainsi le pas lent auquel bon nombre de pages de cet ouvrage invitent fortement.

Vos pieds deviendront en fait vos premiers maîtres à penser ☺. Comme la Vie, ils vous montreront que, dès que vous adoptez un mode de vie inadapté ou que vous suivez des pensées allant au-delà de vos capacités naturelles, vous serez inévitablement ramenés tôt ou tard à la réalité, et vous n'aurez d'autre choix que de respecter le rythme dont votre corps a besoin, ni plus ni moins. Ce sera un enseignement parmi les nombreux autres que vous recevrez, et dont l'analogie se présentera à vous bien souvent, pour venir éclairer votre esprit.

Il n'y a rien de mieux que le Chemin pour bien remettre les pieds sur Terre, c'est le cas de le dire, et ainsi réapprendre à vivre de manière modérée, respectueuse de soi, et la plus équilibrée qui soit.

Garanti ou remboursé ?

Oui. Convaincu de l'urgence et des bienfaits pour l'humain d'aujourd'hui de s'extraire du quotidien par un tel moyen prolongé, ce livre peut vous être remboursé intégralement si vous estimez honnêtement que le Chemin tel qu'il est proposé ici ne vous a pas permis de redéfinir de nouvelles priorités et possibilités de vie.

Cependant, demandez-vous au préalable ceci : quand pourrez-vous le savoir vraiment ?

Dès votre retour ? Dans un an ?

Donc, si à l'issue de votre pèlerinage et de cette vie nomade imprégnée de simplicité au quotidien, rien n'est venu réaligner le sens de votre existence au bout d'un an, vous pourrez demander le remboursement intégral de cet ouvrage.

Il suffira de vous rendre sur le site www.Voie-Nature.com, dans la rubrique « Contact » et d'émettre votre demande. Notez bien sûr que vous devrez justifier d'un cheminement d'une durée d'au moins un mois sur un GR, ou bien de votre pèlerinage sur un Chemin de Compostelle (en fournissant votre « Credencial »).

Du même auteur...

– Découvrez l'essai 100 % humain de C.C. Atman :

« Espèce d'Abrutis ou le Réveil de l'Humanité »

… déjà très fortement plébiscité par des milliers de lecteurs et de lectrices enchantés par le contenu de cet ouvrage, et par ce qu'il a apporté dans leur existence.

– Partez également sur les Terres Sauvages et Civiles, au cœur d'un monde potentiel en devenir, avec :

« 50% Sauvages
Livre 1 ∞ La Médiation des Nations Civiles »

– Et l'aventure du Chemin, de la Vérité et de la Vie continue sur le site internet et la page de Voie Nature :

Site Internet : www.Voie-Nature.com
Page Facebook : www.facebook.com/VoieNature

35815504R10175

Printed in Poland
by Amazon Fulfillment
Poland Sp. z o.o., Wrocław